E. QUERUAU-LAMERIE

NOTES

SUR LES

BUREAUX DE CHARITÉ DE LAVAL

(1683-1803)

D'APRÈS DES NOTES RECUEILLIES
PAR M. GUSTAVE DAVEAUX.

LAVAL
IMPRIMERIE-LIBRAIRIE Ve A. GOUPIL

1904

Extrait du *Bulletin de la Commission historique et archéologique de la Mayenne.*
2e série, tome XX (1904).

E. QUERUAU-LAMERIE

NOTES

SUR LES

BUREAUX DE CHARITÉ DE LAVAL

(1683-1803)

D'APRÈS DES NOTES RECUEILLIES
PAR M. GUSTAVE DAVEAUX.

LAVAL
IMPRIMERIE-LIBRAIRIE Ve A. GOUPIL

1904

NOTES SUR LES BUREAUX DE CHARITÉ DE LAVAL

(1683-1803)

M. Gustave Daveaux, enlevé si prématurément à l'affection de sa famille et de ses nombreux amis, avait été nommé en 1879 administrateur du bureau de bienfaisance de la ville de Laval. Entièrement dévoué à ses fonctions, il s'était montré l'un des membres les plus assidus de cette administration, à laquelle il rendit les plus grands services jusqu'au moment où il quitta Laval pour aller habiter Brest ; mais pendant le temps trop court qu'il était resté attaché au bureau de bienfaisance, il avait pris soin de copier un ancien registre contenant les délibérations du bureau de charité de la paroisse de la Trinité, de 1789 à 1792, jusqu'à sa réunion avec celui de Saint-Vénérand, et, à la suite, les arrêtés pris, de l'an X à l'an XII, pour la création, après la Terreur, du bureau de bienfaisance de la ville de Laval.

Quelques mois avant sa mort, M. Daveaux nous avait remis ses notes en nous engageant à les publier. C'est ce que nous nous proposons de faire dans les pages suivantes. Toutefois nous nous bornerons à analyser, aussi complètement que possible, les documents recueillis par M. Daveaux, ceux-ci nous paraissant trop longs pour être reproduits *in extenso*. En ce faisant, nous croyons remplir les intentions d'un excellent ami qui fut un homme de bien, un brave cœur, sûr et loyal dans ses relations, fidèle dans ses amitiés, et qui a laissé de profonds regrets à tous ceux qui l'ont connu et ont été à même de l'apprécier.

Mais les notes laissées par M. Daveaux étaient muettes sur la période antérieure à 1789 et sur l'origine des bureaux de charité de la Trinité et de Saint-Vénérand. Nous avons essayé d'y suppléer en les faisant précéder des renseignements, fort incomplets malheureusement, que nous avons pu recueillir nous-même sur ces bureaux et leur administration pendant le XVIIIe siècle.

I

La charité est de toutes les époques. De tout temps les gens riches et les membres du clergé se sont efforcés de venir au secours des malheureux en leur distribuant des aumônes, chacun suivant ses facultés et les misères qui lui étaient connues.

En 1498, rapporte le Doyen [1],

> Blé valut huyt solz le boesseau
> Autant le vieil que le nouveau;
> La justice a cinq solz le mint,
> Mais le peuple guère n'en tint.
> Le pain fust vendu à la livre,
> Afin que chascun se peust vivre.
> Ceux qui avoient bled à greniers
> Ilz les tenoient par trop à chers.
> Vous eussiez vu à grand centaines
> Pouvres par les rues hors d'alaynes :
> Toutefois d'aulcuns bons bourgeoys,
> La sepmaine deux fois ou troys,
> Leur donnoient pour Dieu charité,
> Qui bien leur sera mérité.

C'est peut-être à la suite de cette disette qu'il fut établi dans les paroisses des bureaux de charité dirigés par quelques marguilliers, dits procureurs des pauvres, chargés de centraliser les aumônes et d'en faire la distribution. Nous ne parlons pas de la charité de Priz, dont

1. *Annales et chroniques du pays de Laval*, page 23.

l'existence est signalée dès 1361 et qui se bornait à faire une distribution par an, le jour de l'Ascension[1], mais de celles des autres paroisses qui, parfois, dans les années calamiteuses, recevaient des secours de la première. C'est ainsi qu'en 1556-1557 elle versait 54 l. 13 s. 6 d. aux commissaires des pauvres de la paroisse d'Avénières et 32 l. 2 s. à ceux de la Trinité[2].

Il est probable que les seigneurs de Laval, dont on retrouve les noms parmi les souscripteurs de toutes les œuvres intéressant la ville, durent faire distribuer d'importantes aumônes, soit par leurs officiers, soit par les membres du clergé. Les magistrats, les bourgeois, les négociants enrichis par le commerce des toiles durent suivre cet exemple et secourir les malheureux, soit individuellement, soit en créant dans chaque paroisse un bureau de charité, sous la direction du curé.

Mais depuis la fin du XVIe siècle, à la suite sans doute de mauvaises récoltes et des guerres de la Ligue et de la Fronde, le nombre des pauvres avait considérablement augmenté. Les bureaux de charité étaient débordés et, par suite sans doute d'une véritable invasion des habitants des campagnes, la ville était remplie de mendiants que les larges aumônes distribuées par les couvents ou les bourgeois ne suffisaient pas à secourir. Il devenait urgent d'aviser. Il fut donc fondé, en 1658, un bureau général de charité composé de seize directeurs, savoir : quatre ecclésiastiques désignés par le clergé de la Trinité, le chapitre de Saint-Tugal, le clergé de Saint-Vénérand et le chapitre du Cimetière-Dieu, deux officiers du seigneur, deux officiers de l'hôtel de ville, deux avocats et six bourgeois. Ces directeurs étaient chargés d'aller chez tous les ecclésiastiques et chez tous les habitants soumis à la taille, solliciter des aumônes et leurs engagements, signés d'eux, seraient consignés sur un registre. Les distributions auraient lieu tous les diman-

1. Abbé Angot, *La Charité de N.-D. de Priz.*
2. *Ibidem.*

ches, à la suite d'une messe à laquelle les pauvres seraient tenus d'assister. Il leur était interdit de mendier à la porte des églises et dans les rues et on défendait aux habitants de leur faire l'aumône sous peine d'amende [1].

Ce règlement dut être appliqué pendant quelques années, mais, créé dans des circonstances spéciales, il dut tomber en désuétude lorsqu'elles eurent disparu, et les bureaux de paroisses se reformèrent et reprirent leur existence antérieure avec leurs ressources particulières. Mais c'est sans doute de cette époque que date, ainsi que le dit M. Couanier de Launay, la fondation du bureau de charité de la paroisse de la Trinité, dirigé par les membres du clergé et les marguilliers de la paroisse, tel que nous le voyons fonctionner à la fin du XVIIe siècle [2]. Des dames de charité appartenant aux meilleures familles de la ville avaient accepté la mission de visiter les pauvres pour s'enquérir de leurs besoins et faire connaître la nature des secours qui leur seraient le plus utiles. Le bureau proprement dit était chargé de la distribution de ces secours. Il était alimenté par le produit des quêtes faites dans l'église à certaines fêtes et surtout par celui des souscriptions que les personnes riches s'étaient engagées à verser chaque année pour venir au secours des malheureux.

Ce bureau rendait les plus grands services à la population ouvrière, quand une importante donation, due à la générosité d'un prêtre, M. Gerveis Chambrun, sieur de Beaumesnil, vint doubler ses revenus et lui permettre de secourir à domicile les pauvres malades en leur procurant du bouillon, de la viande, des remèdes, et en leur

1. Léon Maître, *Notice historique sur les hôpitaux de Laval*, 2e édition, 1889, p. 38.

2. Suivant M. Couanier de Launay, *Histoire de Laval*, p. 433, ce bureau avait été fondé en 1658. C'était sans doute une transformation du bureau général de charité dont nous parlions plus haut, réorganisé sur de nouvelles bases et destiné à secourir seulement les pauvres de la paroisse.

prêtant au besoin des lits et du linge qui leur manquaient souvent. Et cela sans diminuer les secours habituels distribués par ledit bureau de charité.

M. de Beaumesnil était originaire de Saint-Pierre-des-Landes. Lorsqu'il avait été créé chanoine de Saint-Tugal[1], sa mère, devenue veuve, était venue habiter Laval, dans une maison du faubourg Saint-Martin. En 1679, M. de Beaumesnil fut nommé chapelain de l'église royale et collégiale de Saint-Germain-l'Auxerrois et alla habiter Paris, faubourg Saint-Jacques, sur la paroisse de Saint-Jacques du Haut-Pas[2]. Témoin des mesures prises en cette ville pour subvenir aux besoins des pauvres malades par l'organisation de compagnies de charité, composées de dames chargées de visiter les malades auxquels des secours en nature étaient distribués par les sœurs grises de Saint-Lazare, il voulut doter la ville de Laval d'un établissement du même genre. Sa proposition fut acceptée avec reconnaissance par les curés de la Trinité[3] et les marguilliers en exercice.

Le 25 septembre 1683, devant M. Charles Hiaulmé, notaire royal, demeurant à Laval, M. Gervais Chambrun, sieur de Beaumesnil, représenté par Me Pierre Simon, sieur du Tertre, avocat en Parlement, son procureur spécial pour la circonstance, faisait don aux sieurs Ambroise Salmon, sieur du Griffon, avocat en Parlement, et Guillaume Le Balleur, sieur de la Motte, marchand apothicaire, procureur marguillier et fabricien de la paroisse de la Sainte-Trinité de Laval, en leur dite qualité et à tous leurs successeurs en la dite charge, pour le bien et soulagement des pauvres malades de la paroisse de la Trinité et de celle de Saint-Tugal, sa voisine, d'une somme de 4.800 livres.

1. Nous ne trouvons pas son nom sur la liste des chanoines de Saint-Tugal publiée par M. de la Beauluère dans son *Étude sur les Communautés et Chapitres de Laval.*

2. Il était aumônier de la maison des Carmélites, située sur la dite paroisse, où avait pris le voile Mlle de Lavallière.

3. Jusqu'en 1687, la paroisse de la Trinité possède deux curés.

« Les revenus des dites sommes seront employés à la nourriture et entretiennement de trois filles ou veuves, n'ayant point d'enfants, qui prendront soin d'assister les pauvres malades des dites paroisses de la Trinité et de Saint-Tugal, en leur portant des médicaments et autres choses nécessaires et en leur rendant tous les services dont elles seront capables, sous la conduite et dévotion des dames de charité de la dite paroisse de la Trinité, qui marqueront les fonctions des dites filles ou veuves et leur donneront les règlements qu'elles jugeront à propos, à condition néanmoins qu'une des dites filles ou veuves s'emploiera à tenir la petite école pour l'instruction des pauvres petites filles de la paroisse, sans y admettre aucun garçon, suivant le règlement des sœurs grises de Saint-Lazare. »

L'acte de donation énumère ensuite le mode de nomination des trois filles ou veuves, les dépenses à faire pour leur entretien, les soins à leur donner en cas de maladie, les droits des dames de charité placées sous la direction, au moins nominale, de Mme de la Trémoïlle, leur supérieure perpétuelle, l'emploi des sommes données en biens fonds ou rentes foncières et constituées de façon à ce que le revenu n'en soit pas diminué.

Si l'on ne peut trouver de filles ou veuves de bonne volonté et que l'œuvre vienne à disparaître, les revenus des sommes données seront employés à mettre à métier six pauvres enfants, trois garçons et trois filles, sans parents, des paroisses de la Trinité ou de Saint-Vénérand, choisis par les curés et marguilliers de la première.

Cet acte fut ratifié par M. de Beaumesnil le 29 octobre 1683 et par les habitants de la paroisse le 29 novembre suivant, insinué à Paris le 15 décembre et approuvé par Monseigneur Louis de Lavergne de Montenard de Tressan, évêque du Mans, le 3 février 1684.

L'œuvre des pauvres malades était chose nouvelle. Elle ne touchait pas au bureau de charité déjà existant, mais elle en devenait une annexe en le complétant. Dès la fin de 1683, les curés de la Trinité s'étaient empressés de nommer les filles ou veuves chargées de donner des soins aux pauvres malades. Deux étaient déjà en fonctions au mois de septembre de cette année et la troisième devait être installée le premier novembre suivant.

L'acte du 15 septembre contenait bien des recommandations pour la réglementation de la compagnie de charité créée par M. de Beaumesnil. Mais il fallait réunir en corps toutes ces prescriptions et le donateur fut instamment prié de vouloir bien se charger de la rédaction de ce règlement. La preuve en résulte de ce document lui-même qui, dans nombre d'articles, s'appuie sur ce qui se fait à Paris, ou même dans la paroisse de Saint-Germain-l'Auxerrois, à laquelle M. de Beaumesnil était attaché.

Ce règlement a été imprimé à Paris, chez Clément Gasse, proche Saint-Étienne du Mont, sans date, mais le permis d'imprimer, signé de la Reynie, est daté du 30 mars 1684. Ce petit volume de 124 pages porte pour titre :

Règlement de la Compagnie de charité établie dans la ville de Laval, contenant deux parties, l'une qui regarde les Dames et l'autre les Sœurs, avec l'ordonnance de Monseigneur l'Évêque du Mans et l'agrément de Son Altesse Madame la duchesse de la Trémoïlle.

En tête est un avis aux dames de la Compagnie, suivi de l'approbation de Monseigneur l'évêque du Mans du 15 février 1684 (page 13) et de l'agrément donné à cet établissement par Mme la duchesse de la Trémoïlle, Madeleine de Créquy, épouse et procuratrice générale de M. le duc de la Trémoïlle, laquelle accepte d'être supérieure perpétuelle de la compagnie et promet sa protection aux dames de charité et aux trois sœurs du bureau, dans l'espérance qu'elles seront fidèles à ce règlement (p. 17).

Vient ensuite le règlement lui-même. La première partie, concernant les dames, porte cette épigraphe :

Mandata Dei in corde mulieris sanctæ. Eccl. 2624. « La femme sainte porte toujours la loi de Dieu dans son cœur ».

Les dames doivent avoir l'inspection et la conduite des trois sœurs, filles ou veuves d'un seul mari, sans aucun enfant, choisies par elles-mêmes, âgées au moins de trente-cinq ans, pour le soulagement et la consolation des pauvres malades de la Trinité et de Saint-Tugal, sous la conduite spirituelle des curés de la Trinité, l'autorité de l'Évêque du Mans et la protection de Mme la duchesse de la Trémoïlle, laquelle sera supérieure perpétuelle de la Compagnie (art. I et II).

Les dames seront reçues en la manière marquée dans le règlement de Messieurs de Saint-Lazare. Cette réception n'aura lieu que du consentement du mari, si elles sont mariées, ou celui de leurs pères et mères, si ce sont des filles qui soient sous leur conduite et leur dépendance.

Les dames éliront, par billet cacheté, deux d'entre elles pour être officières dans les fonctions de trésorière et de garde-meubles. On choisira pour ces fonctions des veuves ou des filles qui seraient dégagées de tout embarras et qu'on n'aurait pas lieu de croire qu'elles dussent changer d'état, étant plus libres et maîtresses de leur temps, ou des femmes mariées, avec la permission et l'approbation de leur mari, et qui soient accommodées et aisées. On pourra les changer quand cela paraîtra avantageux pour le bien des pauvres.

L'une d'elles tiendra le catalogue des livres remis aux trois filles ou veuves.

La trésorière recevra les aumônes et autres sommes qui seront données pour la subsistance et le besoin des pauvres malades. Elle rendra ses comptes tous les trois ou six mois, en présence des deux curés de la Trinité, et de quatre dames de la compagnie nommées à la pluralité des voix. Elles auront le titre de dames conseillères et pourront être changées tous les ans. La trésorière tiendra compte de toutes les sommes reçues et les inscrira, à leur date, sur son livre, avec les noms des donateurs, à moins qu'ils ne s'y opposent ; et aussi de ce qu'elle aura donné aux sœurs, au boucher, et pour les drogues distribuées aux malades.

La garde-meubles aura chez elle une pièce assez grande pour loger les bois de lits, matelas, lits de plume, oreillers, couvertures, linges, linceuls (ou draps), chemises et autres choses qu'on aura prêtées aux malades, dont elle aura un mémoire, pour les prêter avec sagesse et discrétion. Elle aura un registre ou elle inscrira les objets reçus, les prêts faits aux malades et les dates de rentrée.

Une troisième officière fera l'office de secrétaire pour inscrire les décisions.

Une seconde supérieure sera nommée pour régler avec les dames officières les affaires urgentes en l'absence de Madame de la Trémoïlle.

Chaque dame visitera, aussi souvent que possible, les pauvres du quartier qui lui sera échu d'après la division des rues et quartiers, suivant la règle qui se pratique et est déjà établie. Elles s'informeront de l'état des malades, de leur disposition d'esprit à l'égard de Dieu et du prochain, des choses dont ils ont besoin et des secours qu'ils reçoivent. Si elles les voient en danger, elles leur inspireront le désir de recevoir les sacrements, en leur faisant comprendre que l'on cherche le salut de leur âme encore plus que celui de leur corps, et au besoin préviendront les prêtres de la paroisse chargés d'administrer les sacrements.

On fera choix d'un médecin et d'un chirurgien, choisis à la pluralité des voix, qui seront payés, s'ils n'offrent de faire le service gratuitement. A Paris, le médecin touchait vingt-cinq écus par an. Mais la somme a été doublée, à cause du nombre des malades de la paroisse Saint-Germain. Il doit faire chaque jour la visite de quelque quartier, en outre de celle qu'il doit faire la première fois, quand il a été prévenu par les sœurs. On fera de même pour le chirurgien qui, à Paris, touche trois sols par saignée, les sœurs étant trop occupées par leurs visites.

Les assemblées se tiendront tous les mois, quinze jours, ou semaines, chez l'un des curés de la Trinité, le dimanche après vêpres, et chez Mme de la Trémoïlle quand elle sera à Laval.

Il y aura un tronc dans l'église de la Trinité, portant : *Pour les pauvres malades.* — Les dimanches et fêtes considérables, il sera fait des quêtes à l'église par quelques filles ou femmes vertueuses et sages qui s'en acquitteront avec beaucoup de modestie, sans faste ni vanité. Les jours de solennité, on priera les plus considérables pour cet office de charité. Le produit sera remis à la trésorière.

A Paris, tous les premiers jeudis du mois, le curé de Saint-Germain dit une messe, à laquelle toutes les dames tiennent à se rendre, et la trésorière fait une quête parmi elles.

Chaque jour, les sœurs de Saint-Lazare portent la marmite avec les viandes et les volailles chez une des dames qui se charge de la faire cuire, pour qu'elle soit prête le lendemain à neuf heures, où les sœurs viennent la prendre pour porter le bouillon aux malades. Mais beaucoup préfèrent donner trente sols pour que les sœurs s'en chargent, et on leur fournit outre cela du sel et du bois en sus de leur traitement. On pourra faire de même à Laval, de façon à ce que chaque jour soit rempli.

Les dames sont autorisées à suppléer ce qui a pu être omis dans ce règlement, sans pourtant y rien changer ou modifier.

La seconde partie concerne les trois filles ou veuves établies dans la paroisse pour le soin des malades. Elle est précédée de cette épigraphe :

Ligabis ea quasi signum in manu tua, eruntque inter oculos tuos. *Deut.*, c. 6, v. 8.

« Vous tiendrez les préceptes du Seigneur comme liés à vos mains pour vous marquer l'obligation que vous avez de les pratiquer, et vous les aurez toujours devant vous pour les méditer et n'en perdre jamais le souvenir. »

Les sœurs seront entièrement soumises à Mgr l'Évêque du Mans, la duchesse de la Trémoïlle, les deux curés de la Trinité et toutes les dames. Elles seront choisies, par billets cachetés, parmi les plus sages et les plus capables, sur proposition triple ou multiple. Elles seront filles ou veuves d'un seul mari, sans aucun enfant, âgées de trente-cinq à quarante ans, sages, modestes, et d'une vertu singulière.

Elles seront soumises aux dames et ne pourront prendre personne pour les soulager. Elles seront les servantes des pauvres malades et iront leur porter elles-mêmes la marmite et leur rendre tous les services, comme les sœurs de Saint-Lazare, bien qu'il y en ait parmi celles-ci de bonnes familles.

Les sœurs seront logées dans une maison ayant en bas une grande salle servant de cuisine et d'école, avec un cabinet pour ramasser leurs ustensiles, sirops, drogues et le reste ; au premier, une grande chambre avec trois lits séparés, une chaise et une table pour chacune, un petit oratoire et un cabinet avec armoires où coffres pour mettre leurs habits et linge, le tout fourni par la compagnie. Elles logeront seules, ne recevront point de visites inutiles, n'écriront point de lettres sans nécessité, ne laisseront personne monter en leur chambre, sauf en cas de maladie, et ne demanderont jamais rien, soit pour elles, soit pour leur famille, fût-elle nécessiteuse. Elles s'aimeront chrétiennement entre elles et tâcheront de se mettre le plus vite possible en état de remplir leurs fonctions pour faire les saignées et préparer les sirops, décoctions, tisanes, infusions et le reste. Elles ne s'arrêteront point dans la rue à causer inutilement, surtout avec les hommes.

Averties par un billet de la dame dans le quartier de laquelle il y a un malade, elles en préviendront le médecin ou le chirurgien et l'inscriront sur le registre. A

Paris, elles ne portent la charité chez les malades qu'après qu'ils se sont confessés. Elles ne resteront chez chacun d'eux que le temps nécessaire pour leur rendre les services dont ils ont besoin. Elles entreront en faisant le signe de la Croix et en disant : « La paix du Seigneur soit avec vous ». Et en se retirant elles pourront dire : « Que la paix du Seigneur vous accompagne et soit toujours avec vous ». Elles parleront d'un ton plutôt bas et modeste que trop haut et trop élevé. Enfin elles doivent tâcher d'allier « une gravité guaye et honnête avec une gayeté grave et modeste ».

Elles veilleront à ce que les malades aient quelqu'un près d'eux pour les soigner et venir chercher la tisane, ou les feront porter à l'hôpital. Elles ne sortiront point le soir après huit heures, du 1er avril au 1er octobre, et l'hiver après six heures, et ne délivreront point de secours après ces heures et n'iront point veiller dans le voisinage. Elles se trouveront à toutes les assemblées des dames et y porteront leurs registres. Elles se lèveront à quatre heures en été, à cinq heures en hiver. Après avoir fait leurs prières, elles iront ensemble à la messe, puis, après le déjeuner, iront faire visite aux malades suivant l'ordonnance du médecin, et pendant les chaleurs pourront faire cette visite avant la messe. A neuf heures aura lieu la visite pour porter le bouillon, la viande, les œufs, le pain, etc... Elles pourront visiter le soir les plus malades pour porter des lavements et ce qui serait besoin et voir s'il n'y a pas de changement pour en prévenir le médecin et les ecclésiastiques.

Elles fixeront les heures de leurs repas qu'on ne pourra plus changer et ne recevront personne à manger. Ces repas seront simples et des choses les plus communes, comme les sœurs grises de Saint-Lazare qui ne mangent jamais de rôti et ne boivent que de l'eau. Pendant le repas, l'une d'elles, à tour de rôle et par semaine, fera une bonne lecture, comme la vie du saint du jour ou quelque histoire ou relation agréable ou édifiante.

Elles jeûneront les carêmes et quatre-temps comme tout le monde, si elles ne peuvent comme autrefois faire un seul repas à cinq ou six heures du soir après les vêpres, et les vigiles des fêtes à trois heures après les nones. Elles communieront les dimanches et fêtes et pourront se confesser tous les huit ou quinze jours à un directeur choisi par les curés de la Trinité et ne pourront le changer, mais elles pourront en avoir un extraordinaire, également choisi par le curé de la Trinité, auquel elles pourront s'adresser quatre fois par an au plus. Les dimanches, elles assisteront aux messes, prônes, vêpres et sermons, feront de bonnes lectures et se coucheront à neuf heures. Elles pourront s'occuper dans la journée à faire leurs habits, raccommoder leur linge ou confectionner du linge d'église, en s'entretenant de leurs lectures ou de leurs malades. Elles seront vêtues d'étoffes les plus communes, de couleur brune et uniforme, les unes comme les autres sans soie, hormis pour les coiffes, sans rubans et tous ces petits ajustements, et sans mouchoirs clairs à leurs cols. Elles seront égales entre elles et n'auront d'autres supérieures que les dames et officières de la compagnie à qui elles rendront compte de ce qui se passe entre elles et chez leurs malades.

Les articles suivants concernent la tenue de l'école dirigée par l'une des trois filles ou veuves, comme elles doivent se comporter vis-à-vis des enfants, ce qu'elles doivent leur enseigner, etc... ; la vie des sœurs, les soins à leur donner pendant leurs maladies, les règles à suivre pour leurs enterrements, leurs exercices de dévotion envers la Vierge et les saints, etc...

Le volume se termine par cette épigraphe :

Inspice et fac secundum exemplum quod tibi monstratum est.

« Considérez toutes ces choses et faites tout suivant le modèle qui vous est confié. »

Après la mort de sa sœur, M. de Beaumesnil voulut compléter son œuvre en fournissant un logement aux sœurs de la Compagnie de charité. Par acte du 16 mai 1689, il donna à la Compagnie la maison de sa mère, située au faubourg Saint-Martin, vis-à-vis les Cordeliers, laquelle prit le nom de la Providence de la Trinité.

Le bureau de charité de ladite paroisse, complété par la fondation de M. de Beaumesnil, réussit parfaitement. Les dames appartenant aux familles les plus distinguées de Laval, flattées d'avoir pour supérieure Mme de la Trémoïlle, s'empressèrent de se faire inscrire parmi les dames de charité et rendirent par leur zèle les plus grands services. Le bureau continua donc, comme par le passé, à distribuer des secours aux indigents, réservant les revenus des sommes données par M. de Beaumesnil pour l'œuvre des pauvres malades qui diminuait d'autant les charges du bureau de charité.

L'institution des trois filles ou veuves fondée par M. de Beaumesnil semble n'avoir pas duré longtemps par suite sans doute de la difficulté de trouver des personnes disposées à accepter cette mission de charité, en raison des charges et des obligations qui leur étaient imposées. C'est alors sans doute, à une date que nous ignorons, que ces filles furent remplacées par des sœurs, nous ne savons de quel ordre [1] mais probablement du tiers-ordre de Saint-Dominique.

Nous ne connaissons pas d'une façon exacte la situation du bureau de charité de la Trinité au XVIIIe siècle, à défaut des comptes du trésorier. Au début, ce bureau

1. Ces sœurs appartenaient au tiers-ordre de Saint-Dominique, comme celles qui, à partir de 1735, desservirent la providence de Saint-Vénérand. En 1786, en relatant l'établissement de deux de ces sœurs dans sa paroisse, M. Launay, curé de Ruillé-le-Gravelais, dit qu'elles étaient laïques et séculières, « n'étant soumises à aucune règle, telles que les sœurs de Saint-Lazare ou celles de la Chapelle-au-Riboul ». Puis il ajoute, « l'une de ces deux sœurs a demeuré dans une petite maison de charité, nommée la Providence de Laval, dans le faubourg Saint-Martin, et y a fait une sorte d'apprentissage pendant douze ans à gouverner les pauvres malades de Laval ; aussi s'est-elle rendue habile dans son état et a-t-elle été regrettée de la ville ». Cette sœur, âgée de quarante ans, se nommait Antoinette Millet. La seconde, Anne Millet, âgée de trente-six ans, était sa sœur. (*Bulletin de la Commission historique de la Mayenne*, t. XVI, p. 283).

n'était pas riche et ne possédait guère que le produit des quêtes faites chaque année chez les personnes riches ou aisées et de celles faites par les dames de charité en l'église paroissiale, aux quatre grandes fêtes de Toussaint, Noël, Pâques et la Trinité. Cela pouvait suffire dans les années ordinaires. Mais qu'il survînt une année de disette, il fallait faire appel à la générosité des bourgeois, laquelle du reste ne fit jamais défaut.

Ainsi, en 1694, « le blé monta à un prix excessif et les charités furent grandes, » au dire de Guitet de la Houllerie [1].

En 1696, le blé fut également rare aux environs de Laval, d'après la correspondance des contrôleurs généraux des finances [2].

En 1699, l'intendant de Tours proposait au contrôleur général d'armer la garde bourgeoise pour tenir en respect six à huit mille tisserands qui s'étaient ameutés par suite de la disette [3].

En 1702, rapport de l'intendant sur les efforts faits à Laval pour venir en aide à cinq cents tisserands sans ouvrage [4].

En 1709, année dite du grand hiver, par suite du manque de la récolte, il y eut à Laval une misère affreuse. Un arrêté du Conseil ordonna que chacun donnerait au profit des pauvres et verserait entre les mains d'un notable « les deux tiers de l'intérêt du sort principal de son revenu », c'est-à-dire les deux tiers de la somme que son revenu eût pu produire dans l'année. Ainsi pour un revenu de 120 livres, qui eussent produit 6 livres d'intérêt, on devait verser 4 livres pour les pauvres de la paroisse. Cette mesure réussit à souhait et l'on put secourir les malheureux cette année et une partie de la suivante [5].

1. *Chronique de Laval*, par Guitet de la Houllerie, note de la p. 144 du *Mémoire chronologique* de Maucourt de Bourjolly, t. II.
2. *Ibid.*, t. II, p. 143, en note.
3. *Ibid.*, t. II, p. 143, en note.
4. *Ibid.*, t. II, p. 149, en note.
5. *Mémoire chronologique* de Maucourt de Bourjolly, t. II, p. 157.

En 1724 et 1725, la disette fut si forte que les bourgeois durent se cotiser pour faire venir du blé de Bretagne, de Normandie et du Forez [1].

Autre disette en 1739. On dut faire venir de Nantes deux cent mille boisseaux de blé [2].

Une autre encore en 1769. Celle-ci fut assez grave pour que l'on dut avoir recours à des mesures extraordinaires pour se procurer des ressources [3]. Les bourgeois de Laval sollicitèrent du Conseil de l'intendance un prêt d'argent. La réponse se faisant attendre, ils se cotisèrent pour faire venir du blé de l'étranger, tant pour donner du pain aux pauvres, que pour vendre ce blé à perte sur le marché, soit aux boulangers, soit à ceux qui auraient le moyen d'en acheter. De plus les habitants de la Trinité et de Saint-Vénérand s'engagèrent à verser 4.000 livres par mois pour fournir du pain, jusqu'à la prochaine récolte, aux indigents dont le nombre s'était notablement accru et s'élevait alors à quatre mille. Soixante-dix-huit commissaires furent choisis pour faire la distribution du pain aux pauvres, le jeudi de chaque semaine, dans chaque quartier, et ces distributions, commencées le 9 décembre 1769, se continuèrent jusqu'au mois de juillet suivant [4].

Au commencement de l'hiver, les commissaires firent une nouvelle quête qui fut bien moins fructueuse. Mme de la Jourdonnière écrit le 7 décembre 1770 à son fils : « Nous avons encore la charité publique cette année ; je donne un écu par mois, mais ces Messieurs m'ont dit qu'ils ne trouvent pas comme l'an passé ».

Ainsi, dans les années calamiteuses, le bureau de charité savait trouver chez les bourgeois aisés les sommes

1. *Registre* de M. René Duchemin, dans le *Bulletin de la Commission historique de la Mayenne*, 1896, t. XII, p. 269.
2. *Chronique de Laval*, par Guitet de la Houllerie, t. II, p. 266, à la suite du *Mémoire chronologique* de Maucourt de Bourjolly.
3. Le froment du pays se vendait 5 livres, le seigle 4 livres, l'orge 50 à 54 sous, le blé noir 50 sous (Guitet de la Houllerie, p. 294, *loc. cit.*).
4. *Chronique de Laval*, par Guitet de la Houllerie, p. 294.

qui lui manquaient pour faire face à ses nouvelles obligations. Dans les années ordinaires, les souscriptions promises par les riches et les quêtes dans les églises, venant s'ajouter aux revenus, tant en biens fonds qu'en rentes recueillies par lui, suffisaient pour couvrir les dépenses. Depuis le commencement du siècle, en effet, il avait reçu de personnes généreuses, soit par dons manuels, soit par dispositions testamentaires, diverses sommes dont le revenu s'élevait en 1789 à 4 ou 5.000 livres.

Avec cet argent, on distribuait aux indigents du pain. Des secours en argent étaient versés aux infirmes pour le paiement de leurs loyers. Mais on se préoccupait surtout de donner du travail aux ouvriers pendant l'hiver. On achetait du lin, pour occuper les fileuses, les filassiers et les tisserands, et la toile fournie par eux était vendue, en partie, au bénéfice de la charité. Le surplus était conservé pour renouveler et entretenir la lingerie de la Providence.

D'autres fois, on s'entendait avec la municipalité pour ouvrir des ateliers de charité dans les environs de la ville. C'est ainsi qu'en 1774, on fit ouvrir le chemin conduisant à Avénières, le long de la rivière, à travers les prairies de la Croix [1].

Quand le bureau avait trop d'argent en caisse, il le prêtait aux fabricants qui en avaient besoin pour payer leurs ouvriers, à charge de rendre cet argent sans intérêts, mais à des dates fixes.

La maison de la Providence possédait en outre un important mobilier, composé de lits, matelas, oreillers, draps et linges de corps, destinés à être prêtés aux malades sous la surveillance des dames de charité. Les sœurs attachées à ladite maison allaient porter aux malades le bouillon, la viande, la tisane et des remèdes, suivant les intentions de M. de Beaumesnil. Elles distri-

1. *Chronique de Laval*, par Guitet de la Houllerie, *loc. cit.*, p. 301.

buaient en outre du lait et de la farine pour la bouillie des enfants naissants.

Le bureau de charité de la Trinité avait en outre la surveillance des écoles fondées pour les garçons pauvres, l'une en 1737 au faubourg Saint-Martin, l'autre en 1744 auprès du cimetière, et dirigées par des ecclésiastiques. Ces écoles avaient un budget particulier et des ressources spéciales; nous n'avons donc pas à en parler ici. Mais la petite école fondée par M. de Beaumesnil en la maison de la Providence pour les petites filles indigentes de la paroisse était passée, elle aussi, sous la direction du bureau des écoles, annexé au bureau de charité. Celui-ci ne semble pas s'en être occupé tout d'abord. C'est en 1781 seulement qu'il se décide à faire quelques sacrifices pour son entretien, en attribuant un traitement de 45 livres par an à la sœur Antoinette qui faisait la classe, à la décharge du bureau de charité. En 1783, la même sœur est autorisée à fournir du pain aux petites filles que l'éloignement de leur domicile empêchait de rentrer chez elles après la classe du matin.

La paroisse de Saint-Vénérand, située sur la rive gauche de la Mayenne, avec son annexe, Saint-Melaine, desservie par un vicaire, était un véritable faubourg, dont les principales rues étaient occupées surtout par des logements d'ouvriers. Mais il s'y trouvait cependant un certain nombre de maisons bourgeoises et partout aux alentours, principalement le long de la rivière, existaient des habitations entourées de prairies servant au blanchîment des toiles. Les maîtres de prés, comme on les appelait, étaient riches. C'est à leur générosité sans doute que fut due la création d'un bureau de charité placé sous la direction du clergé et des marguilliers de la paroisse, comme celui de la Trinité, dont il semble avoir, en partie du moins, adopté le règlement. Nous ignorons la date de sa fondation qui remonte au moins au XVIIe siècle et avait été complétée vers 1688 par la création d'une école pour les petites filles pauvres. Une maison, dite le Séminaire, servait d'école pour des enfants de chœur attachés à l'église Saint-Vénérand [1].

En 1709, année dite du grand hiver, la charité de Saint-Vénérand secourait treize cent seize personnes appartenant à trois cent cinquante-cinq familles et, en 1710, seize cent trente-sept personnes depuis le mois de janvier jusqu'au mois de juillet [2].

« Le 14 de juin 1731, jour de la sépulture de mon frère, Ambroise Duchemin, prêtre, rapporte M. René Duchemin, également prêtre de la paroisse Saint-Vénérand, M. le Prieur vint, avec les dames de charité, savoir : Mlle Hubert, supérieure des dites dames, Mme Ve Pichot, Mme Le Moine de Juigné, Mlle Moreau de la Roche, Mlle Jardrin, Mme Cigogne, me prier d'accepter la fonction de directeur des dames de charité de la paroisse de Saint-Vénérand.

« Le 17 juin, le Séminaire me fut présenté par les procureurs bâtonniers et M. le Prieur.

« Le 19 juin, M. le Prieur assista à l'assemblée des Dames faite par extraordinaire pour penser, chercher et inviter quelques dames ou demoiselles à entrer dans la compagnie des dames de la charité [3]. »

En 1735, on remplace la maîtresse de l'école des filles.

« Le 25 septembre 1735, dit-il plus loin, le Conseil fut assemblé pour nommer une maîtresse d'école en place de Mme Lemercier qui avait eu cet exercice pendant quarante-sept ans, suivant fondation de dame Marie Foureau, épouse de M. Claude de Fougu, sieur des Cures, de Paris, commissaire général des guerres. M. le Prieur y ayant dit que c'était son droit y nomma la sœur Le Tourneur, fille du tiers ordre de Saint-Dominique ».

1. Ce séminaire avait été créé au commencement du XVIIe siècle (Arch. de la May., minutes F. Croissant).
2. Couanier de Launay, *Histoire de Laval*, p. 435.
3. *Registre de M. René Duchemin*, publié par M. E. Moreau dans le *Bulletin de la Commission historique et archéologique de la Mayenne*, 1896, p. 269.

En 1744, le Prieur de Saint-Vénérand demanda à l'Évêque du Mans l'autorisation d'établir dans sa paroisse une école pour les garçons pauvres de cette partie de la ville. L'année suivante, il rédigea un règlement, copié sur celui des écoles de la Trinité, mais c'est seulement en 1767 qu'il fut autorisé à y recevoir les élèves, après avoir réuni les fonds nécessaires à l'entretien de l'école et du prêtre chargé de la tenir, payé 180 livres par an.

La Providence du bureau de Saint-Vénérand était tenue au moment de la Révolution par deux sœurs. L'une, sœur Bodereau, en 1782 et plus tard sœur Ravault, s'occupait particulièrement des malades et touchait 40 livres de gages annuels. La seconde, sœur Marie Martin, était chargée de tenir l'école des petites filles pauvres et touchait 30 livres de gages.

A cette époque, le bureau de charité possédait, grâce à de généreuses donations, soit en biens, soit en rentes, un revenu d'environ 3.000 livres comprenant :

La ferme de la Noerie, en Saint-Pierre-sur-Erve, affermée 800 livres ;

Celle de Levaré, en Cossé-le-Vivien, affermée 700 livres ;

Les métairies de la Verrerie, à Argentré, de Beauchêne, en Saint-Berthevin, et de Maussay, en Parné, exploitées à colonie partiaire ;

Une rente de 22 livres constituée sur le lieu de la Bagotière en Saint-Germain-du-Fouilloux ; — une autre de 150 livres constituée par M. Coustard du Plessis ; — deux rentes de 50 et 55 livres sur l'hôtel de ville de Paris ; — une autre de 49 livres sur le lieu des Vignes en Bonchamp ; — une autre de 150 livres sur les tailles de la paroisse ; — une autre de 9 livres 10 sols sur une maison détruite sur le Vieux Pont.

A ces revenus, il faut ajouter le produit des quêtes faites tous les mois en l'église de Saint-Vénérand, dont une seule, celle de la Toussaint, rapportait chaque année de 550 à 600 livres.

De plus, les principaux habitants s'étaient engagés, dans une assemblée de paroisse, à verser chaque mois diverses sommes que les membres du clergé allaient recueillir à domicile.

Le bureau de charité de Saint-Vénérand paraît, à l'imitation de celui de la Trinité, avoir possédé sinon un mobilier, du moins une lingerie, estimée en 1791 une vingtaine de mille livres, et contenant une certaine quantité de linge destiné à être prêté aux malades pauvres.

Pas plus que pour la Trinité, nous ne possédons les anciens règlements de ce bureau, qui avait une existence absolument séparée. C'est seulement dans les années calamiteuses que les habitants du Pont-de-Mayenne consentaient à se cotiser avec les bourgeois de la ville proprement dite pour acheter du blé afin de secourir les malheureux ; mais sans doute en spécifiant que le produit de leurs souscriptions serait employé uniquement pour les besoins des pauvres de ce quartier.

Peut-être les administrateurs de ce bureau pouvaient-ils craindre que leur paroisse fût sacrifiée lors de la distribution des secours et tenaient-ils à ce que leurs pauvres profitassent de la totalité des sommes versées pour eux par les souscripteurs de la Charité. Ce sentiment apparaît en effet en 1789, lorsque le bureau de la Trinité proposa à celui de Saint-Vénérand de fusionner les deux bureaux en un seul pour toute la ville ; proposition qui souleva de violentes critiques à Saint-Vénérand, à tel point que les marguilliers n'osèrent réunir les paroissiens pour délibérer sur ce projet, lequel fut immédiatement rejeté.

II

En 1789, on procéda, dans une assemblée de paroisse, à la réorganisation du bureau de charité de la Trinité.

Nous ignorons les motifs de cette mesure. Deux assemblées eurent lieu successivement, la première le 10 mai, la seconde le 27 septembre, en vue de procéder à une révision des règlements et au choix des membres de la nouvelle administration. Nous ne possédons pas les procès-verbaux de ces réunions ; nous savons seulement que, dans la première, on s'occupa de nommer les membres du nouveau bureau, et que, dans la seconde, fut décidée la réunion des deux bureaux de la ville en un seul, au cas où les paroissiens de Saint-Vénérand y consentiraient.

Le 3 octobre, le bureau de charité de la Trinité, nommé et constitué par le général des habitants, se réunit chez le curé de la dite paroisse, ès personnes de MM. Turpin du Cormier, curé ; Berset et Foucault de Laubinière, procureurs marguilliers ; Leclerc du Flécheray, Leclerc de Terchant, Touschard de Sainte-Plennes, Frin de Cormeré et Martin de la Tremblaye. Ces commissaires, après avoir discuté les moyens à prendre pour remplir l'honorable fonction que le général des habitants de la paroisse leur avait confiée en leur accordant tout pouvoir pour établir et constituer un bureau de charité, soit général pour toute la ville, soit particulier pour la paroisse de la Trinité, décide que les délibérations qui seront prises par ce bureau seront transcrites sur un registre à ce destiné, ainsi que les procès-verbaux des assemblées de paroisses des 10 mai et 27 septembre précédents [1] ; M. Duchemin de la Frogerie, trésorier des pauvres, dressera un inventaire de l'actif et du passif dudit bureau, lequel sera mis sous les yeux des commissaires. M. Frin de Cormeré, qui a déjà rempli ces fonctions dans les assemblées pour les aumônes générales tenues les précédentes années, est nommé secrétaire.

1. Ces pièces, qui devaient être placées en tête du registre, ont été perdues sans doute, car elles ne font pas partie des notes communiquées par M. Daveaux.

Enfin, MM. le curé, de Laubinière, de la Tremblaye et de Cormeré, sont choisis pour faire la visite des pauvres et pour voir si l'on pourrait s'entendre avec Saint-Vénérand pour former un seul bureau pour toute la ville.

Quelques jours après les commissaires rendent compte du résultat de leur mission auprès des habitants de Saint-Vénérand.

« MM. de Laubinière et de Cormeré, nommés députés dans la dernière assemblée de paroisse pour se rendre vers MM. de la paroisse Saint-Vénérand, à l'effet de savoir d'une manière positive l'intention des habitants de Saint-Vénérand relativement à l'établissement d'un bureau de charité pour toute la ville, ont dit s'être rendus chez M. Duchemin des Gennetés fils, procureur marguillier de la dite paroisse, qui leur avait dit que l'opposition manifestée de quelques habitants de la paroisse sur l'établissement projeté d'un bureau de charité y avait fait la plus grande sensation ; que le nombre des opposants avait même beaucoup augmenté dans la classe du peuple, à un tel point que lui, en sa qualité de marguillier, ayant convoqué pour le dimanche 27 une assemblée des habitants de sa paroisse, à l'effet de prendre un parti définitif pour cet objet ; que l'assemblée n'avait pu avoir lieu et qu'une partie des principaux habitants qui avaient l'intention de s'y rendre, craignant qu'elle ne fût tumultueuse, s'étaient retirés chez lui et y avaient pris un arrêté, dans lequel ils motivaient les raisons qu'ils avaient eues de ne point se trouver à l'assemblée indiquée. Duquel arrêté mon dit sieur des Gennetés a donné connaissance aux dits sieurs députés et leur en a délivré un double qu'ils ont laissé sur le bureau, après que lecture en a été faite.

« Sur quoy l'assemblée délibérant arrête que ledit double serait déposé au trésor du bureau de charité pour prouver par la suite que, si le bureau général n'avait pas eu lieu, cela ne provenait nullement de la part des habitants de la paroisse de la Trinité [1], mais bien de la part de quelques mal intentionnés de celle de Saint-Vénérand ; en outre, considérant les démarches qui avaient été précédemment faites auprès des habitants de cette susdite dernière paroisse, arrête qu'il n'en sera plus dorénavant fait aucune ; qu'on les attendrait, dans l'espérance qu'ils ne tarderaient pas à mieux connaître leurs vrais intérêts, le bureau désirant toujours une réunion, persuadé que le bien qu'on se propose faire ne pourra jamais être parfait s'il n'y a pas un concours des deux paroisses ».

On comprend la résistance des paroissiens de Saint-Vénérand à cette réunion. Les revenus de leur bureau de charité paraissent avoir été presqu'aussi élevés que ceux du bureau de la Trinité, ainsi qu'on le verra plus loin. Or Saint-Vénérand constituait un faubourg beaucoup moins étendu et moins peuplé que la ville proprement dite. Le nombre des indigents y était par conséquent moins important, de sorte qu'en cas de fusion des deux bureaux, ses pauvres eussent touché des secours moins abondants et se fussent ainsi trouvés lésés. C'est pourquoi sans doute il fut impossible d'arriver cette fois à une entente.

Le 2 novembre, nouvelle réunion au presbytère des membres du bureau de charité de la Trinité.

« Le secrétaire communique un état des pauvres qui avaient reçu la visite de M. le curé. Il se monte à 2.433.

« Il propose de diviser les pauvres en quatre classes, et ce en raison de leurs infirmités et misère ; il y donne des moyens pour distribuer l'aumône et procurer de l'ouvrage aux malheureux dans le courant de l'hiver et a fini par faire sentir la nécessité de procurer des secours le plus tôt possible à ces malheureux ; il termine en faisant l'éloge le plus complet des vertus de M. de la Frogerie qui, pendant sa gestion, a administré les biens de la cha-

1. Cette pièce manque également dans les notes de M. Dayeaux.

rité avec la plus grande économie et un zèle qui trouve peu d'imitateurs.

« Le bureau arrête sur le champ que MM. le curé de la Trinité et de Laubinière se transporteraient chez M. de la Frogerie et le prieraient de vouloir bien continuer la recette de la charité, en lui manifestant que, non seulement c'était le vœu unanime du bureau de charité qui l'appelait à cette place mais encore celui de toute la paroisse.

« En outre, il a été arrêté que M. le curé, accompagné d'une dame de charité et d'un commissaire, se transporterait également chez toutes les personnes riches et aisées pour recevoir leurs souscriptions et l'aumône générale, dont du tout serait dressé un état, afin de répartir également dans tous les quartiers les secours, en raison du nombre et misère des pauvres.

« Ensuite il a été rendu compte des biens de la Providence et de ses charges : examen fait des charges, elles se sont trouvées monter de 5 à 6.000 livres ; les rentes à 2.000 livres environ, l'argent placé sur les prés[1] à 60.000 livres environ. Il a été arrêté qu'il ne serait jamais touché à ces fonds qui se trouvaient même insuffisants pour remplir les susdites charges, si le produit des aumônes faites les fêtes et dimanches ne remplissait pas le déficit, mais qu'on distribuerait, avec le produit des souscriptions pour l'aumône générale, les dons de MM. Beaumesnil, prêtre, et Dondeau ; en outre que on y joindrait également tous les dons faits à la charité au cours de l'hyver, soit par testament ou autrement, à moins qu'il n'y ait disposition contraire ».

Le lendemain, 3 novembre, nouvelle séance. On arrête que la paroisse sera divisée en seize quartiers. A chacun de ceux-ci seront attachés deux commissaires, non compris la dame de charité ou la personne qui en ferait les fonctions, et l'on décide qu'à défaut de dame de charité,

1. C'est-à-dire prêté aux blanchisseurs de toiles.

il serait nommé un ecclésiastique pour en remplir les fonctions. On procède ensuite au choix des commissaires.

Mlle Busson et MM. Touschard de Sainte-Plennes, Berset et de Laubinière, sont choisis pour accompagner M. le curé chez les personnes riches ou aisées.

MM. l'abbé Lévesque, Leclerc du Flécheray, Leclerc de la Galorière et Frin de Cormeré, sont chargés de rédiger un règlement provisoire du bureau de charité, lequel sera soumis à l'approbation des paroissiens.

Suit la liste des commissaires, parmi lesquels on rencontre encore les noms de nombreux magistrats et ceux des familles les plus honorables de la ville. La liste des dames est moins complète et, pour sept sections, ce sont des ecclésiastiques qui sont choisis pour en remplir les fonctions : MM. le prieur de Sainte-Catherine, Changeon et Denais, vicaires de la Trinité, Dubuisson et Foucault de Vauguyon, prêtres, Levesque et Huet, chanoines de Saint-Tugal [1].

Le 15 novembre, le règlement du bureau de charité est soumis à une assemblée de paroisse. Mais les habitants déclarent ne pouvoir donner immédiatement leur avis et nomment commissaires pour examiner cette pièce MM. de Valleaux, Gaultier-Dubreil, Barbeu de la Couperie et Enjubault de la Roche. Puis ils approuvent à l'unanimité le choix des commissaires qui ont été nommés pour la distribution des aumônes et les examens des pauvres résidant dans leurs quartiers.

Le préambule du procès-verbal de cette réunion nous fait connaître les noms des principaux habitants de la paroisse à cette époque, savoir : MM. Foucault de Laubinière, conseiller du roi, président au siège des Traites ; Joseph Berset d'Hauterive, procureur-marguillier ; François Martin de Ligonnière, juge criminel ;

1. Les seules dames dont nous trouvons les noms dans cette liste sont : Mlle la Comté, Mlle Busson, Mme Martin de Ligonnière, Mlle Périer de la Corbinière, Mlle Touschard, Mme Frin du Guy-Boutier, Mme veuve Letourneurs, Mme de la Porte-Méral et Mlle de Loresse pour le même quartier, ainsi que Mme Courte et Mme Bigot.

Charles-René-Thomas Frin, conseiller du roi, président au siège royal ; François Leclerc de la Galorière ; René-Pierre Enjubault de la Roche, avocat fiscal au siège ordinaire ; Joseph Martin-Tremblaye, procureur fiscal audit siège ; Jean-Joseph de Launay de Scépeaux, juge de police ; Joseph Barbeu de la Couperie, lieutenant général au siège ordinaire ; Letourneurs du Teilleul, négociant ; maître Jean Gaultier, sieur du Breuil, procureur du roi et son conseiller au siège royal ; Jérome Frin de Cormeré, receveur des tailles ; Jean Duchemin de Boisjousse, conseiller du roi au siège de l'élection, etc....

Le 22 novembre, M. Enjubault la Roche fait son rapport sur le projet de règlement présenté par le bureau de charité à l'assemblée de paroisse. Les habitants de la Trinité déclarent adopter unanimement ce projet qui a été soumis à ses commissaires, sauf les observations, modifications et changements faits par ceux-ci et auxquels le bureau de charité sera tenu de se conformer.

Suit le dit règlement, comprenant trente et un articles. Nous nous bornerons à en analyser les principales dispositions.

Le bureau de charité de la Trinité sera composé du curé de la paroisse, de seize dames de charité, trente-deux commissaires, de deux secrétaires et du trésorier.

La paroisse sera divisée en seize quartiers, dotés chacun d'une dame de charité et de deux commissaires, nommés pour quatre ans et remplacés tous les deux ans par moitié. Leurs nominations devront être confirmées par le général des habitants. Suivent les conditions pour la nomination des commissaires et les règles à observer pour leur remplacement.

Le bureau général se réunira : tous les deux ans, le premier dimanche d'août pour la désignation des commissaires ; chaque année, le premier dimanche de juin, pour choisir les examinateurs du compte du trésorier ; le premier dimanche de juillet, pour statuer sur ce compte et le rapport fait par les secrétaires sur les opérations de l'année ; le premier dimanche d'octobre, pour choisir les membres du comité particulier ; le troisième dimanche du même mois, pour prendre connaissance des ressources et obligations du bureau et des meilleurs moyens de distribution.

Le bureau particulier comprendra : le curé de la Trinité, les deux secrétaires, le trésorier et seize commissaires, un pris dans chaque quartier. Il décidera de toutes les distributions, de la manière dont elles seront faites, du travail que l'on pourrait accorder à ceux qui en manqueraient et des secours à donner aux infirmes et aux veuves chargées d'enfants. Aucun secours, de quelque nature que ce soit, ne pourra être accordé sans l'avis de ce bureau particulier. Il se réunira tous les deux mois en été, tous les mois en hiver, plus souvent s'il est nécessaire.

Le comité de charité, composé du curé, des deux secrétaires et de trois commissaires, se réunira tous les quinze jours en hiver, tous les mois en été, pour s'occuper des affaires urgentes, qui devront être soumises au bureau particulier.

M. le curé présidera toutes délibérations générales ou particulières.

Le trésorier touchera les revenus, dons, aumônes, et paiera les charges sur mandats ou récépissés. Il remettra son compte dans le courant de juin aux commissaires choisis pour l'examiner.

Les secrétaires rédigeront les délibérations, tiendront tableau des secours extraordinaires et des noms de ceux auxquels les loyers seront payés. Ils tiendront compte de tous les arrêtés du bureau. Ils demanderont à la paroisse la nomination de trois commissaires pris en dehors du bureau de charité, pour l'examen des comptes du trésorier.

Les dames pourront assister aux séances du comité et y auront voix délibérative. Elles se réuniront pour aviser à l'entretien du vestiaire et décider quels secours en linge et vêtements pourront être accordés et à quelles femmes.

Dans la même séance, le général des habitants de la Trinité avait autorisé le bureau de charité à emprunter sans intérêts, à terme fixe, une somme de 20.000 livres en invitant les marguilliers de la paroisse à avancer au dit bureau les fonds qui pourraient demeurer oisifs dans la caisse de la fabrique.

Le lendemain, 23 novembre, le bureau particulier se réunit pour décider quelle quantité de secours sera distribuée aux indigents. Le nombre des pauvres s'élève à 2.452 individus, auxquels il sera attribué pendant le mois de décembre 4.724 quarts de secours par jour, lesquels, à deux sols le secours, se montent à 118 livres 2 sols et coûteront pour tout le mois la somme de 3.543 livres.

Les dames Ursulines et Bénédictines étant dans l'habitude d'accorder à la Charité, par chaque maison, 50 livres de pain par semaine, M. le curé est invité à se transporter chez les dites dames pour les prier de convertir leur aumône en argent ou en farine.

On décide enfin qu'il sera fait, dans chaque quartier, au moins deux distributions de pain. Celui-ci serait composé pour les deux tiers de farine de seigle et pour l'autre tiers de farine de froment.

La mauvaise récolte de l'année 1789 avait amené en effet dans toute la France une disette générale. Le blé était devenu des plus rares et avait atteint des prix fort élevés. Il fallait cependant nourrir les indigents et la classe nombreuse des ouvriers qui se trouvaient hors d'état d'acheter du pain que les boulangers avaient dû porter à un prix qui ne pouvait permettre au peuple de s'en procurer. Les municipalités s'ingénièrent pour parer à cet état de choses en achetant de tous côtés, soit du blé, quand elles pouvaient s'en procurer, pour le céder à perte aux boulangers, soit d'autres denrées telles que des haricots ou du riz. La ville de Laval, profitant du peu de distance qui la séparait de Nantes, avait ainsi acheté une grande quantité de riz pour le vendre.

Soit que la municipalité en eût remis aux bureaux de charité de la ville, soit que des gens riches en eussent acheté pour en donner à ces bureaux, celui de la Trinité, à la fin de 1789, possédait une certaine quantité de ce riz, mais se trouvait fort embarassé d'en faire emploi. A Laval, au moins, le riz semble avoir été peu connu à cette époque. Il était considéré comme article de droguerie et employé seulement par les apothicaires et les médecins. Le bureau de charité fut tout d'abord assez inquiet de savoir comment il parviendrait à faire accepter ce produit aux indigents qui paraissent avoir eu de la répugnance pour cette nourriture inconnue de la plupart.

Le 24 décembre, le bureau de charité décide que, jusqu'à nouvel ordre, vu l'embarras de faire emploi du riz qui appartient à la Charité, celui-ci sera déposé dans les greniers de la Providence. Le bureau particulier est autorisé à le vendre à un prix égal à celui qui a été fixé par le comité général des subsistances de la ville. Les secrétaires sont chargés d'écrire à M. Enjubault de la Roche, député, pour le prier de demander la restitution des droits d'entrée perçus sur ce riz, en raison de l'emploi qu'on en doit faire, puisque ce riz doit être employé, non comme droguerie, mais comme subsistance.

Le même jour, le bureau décide qu'une somme de 1.200 livres, remboursable sans intérêts, en trois termes égaux de 400 livres, aux 1er mai, 1er novembre et 1er décembre 1790, sera prêtée aux Pères Dominicains qui faisaient alors reconstruire leur couvent. Le but de ce prêt, autorisé par la municipalité, était de fournir de l'ouvrage aux nombreux ouvriers sans travail, « dont le « nombre s'accroît tous les jours par l'inaction du com-

« merce et le malheur des temps ». La dite somme sera garantie par trois mandats de 400 livres chacun fournis par les dits pères sur leurs fermiers.

On arrête en même temps que les secours à distribuer pendant le mois de janvier s'élèveront à 3.553 livres 10 sols.

Il paraît que l'on n'était pas parvenu à vendre le riz appartenant au bureau de charité. Le 21 janvier 1790, on s'inquiète de savoir si l'on ne pourrait pas le faire moudre et le donner, au lieu de farine de froment, pour faire de la bouillie aux enfants au berceau. MM. Lasnier et Deschamps, médecins, Paillard-Houisière et Gasté, apothicaires, convoqués au bureau de charité, déclarent que le riz est très nourrissant et estiment qu'on peut le distribuer sans inconvénient aux femmes nourrices pour faire de la bouillie à leurs enfants. Ils reçoivent aussitôt la mission de faire moudre une certaine quantité de riz au moulin de Bootz ; ils feront essai de cette farine à la Providence, diront ensuite quel est le meilleur moyen de la préparer et détermineront quelle quantité on en doit distribuer pour remplacer la farine de froment qu'on fournissait jusque-là.

Le 1er février, les experts déposent leur rapport, dans lequel ils détaillent minutieusement leurs opérations. Ils ont fait moudre deux boisseaux de riz, pesant 72 livres. L'opération a parfaitement réussi et a produit une farine très fine, qu'il est inutile de tamiser. Ils ont ensuite fait faire de la bouillie avec du lait et une autre avec moitié eau et moitié lait, il les ont trouvées saines et agréables au goût. Elles leur ont même paru plus saines et plus salutaires pour les enfants que celle que l'on fait avec de la farine de froment. Ils déclarent en conséquence que la farine de riz peut être substituée à celle de froment et le bureau s'empresse d'arrêter qu'il sera distribué aux enfants des pauvres, chaque mois, trois livres de farine de riz.

On décide en même temps la distribution aux pauvres de 3.000 fagots donnés par M. de Terchant.

Le 2 mars suivant, M. Duchemin de Boisjousse remplace M. Duchemin-Dauvais, nommé membre de la municipalité.

On arrête qu'une somme de 600 livres sera prêtée au district pour être employée en ouvrages de cantonniers sur les grandes routes, à condition qu'elle soit remboursée avant le 1er mai suivant.

MM. Turpin du Cormier, curé, Frin de Cormeré et Touschard de Sainte-Plennes, secrétaires, sont désignés pour aller complimenter les membres de la nouvelle municipalité du choix que la commune a fait d'eux pour remplir des fonctions honorables, dont leurs vertus et leurs talents les rendaient dignes, et leur demander leur appui pour le bureau de charité. Ils les prieront en outre de laisser pour quelque temps encore au bureau l'argent qui lui a été prêté par les anciens officiers municipaux et qui doit être employé pour fournir du travail aux indigents, tant sur les grandes routes que pour l'entretien de la manufacture ; cet argent ne pouvant être remboursé avant le mois d'août ou de septembre.

Il s'agit évidemment d'argent avancé par la municipalité pour être employé en travaux de charité et principalement pour soutenir le commerce de la toile, en prêtant cet argent aux fabricants pour qu'ils puissent donner du travail à leurs ouvriers pendant la mauvaise saison.

Le 15 avril, l'assemblée générale entend le rapport de M. Frin de Cormeré sur le compte général des opérations du bureau de charité. Celui-ci est approuvé, mais comme les frais d'administration ont dépassé de 68 livres la somme prévue, chaque commissaire paiera 26 sols pour compléter cette somme.

M. Noury est nommé membre du bureau général et du Comité de filature en remplacement sans doute de M. Enjubault de la Roche fils, démissionnaire en raison des occupations résultant de ses nouvelles fonctions de procureur de la commune.

Le bureau décide ensuite que le secours de mai sera fixé à un sou. Il arrêtera plus tard quels seront les secours des mois suivants, de juin à novembre, ainsi que les secours extraordinaires pour les temps de disette ou de calamités.

On dressera le tableau des pauvres qui seront assistés toute l'année.

MM. Périer-Dubignon, Périer-Ducoudray et Duchemin-Gimbertière sont choisis pour examiner les comptes du trésorier.

« Sur l'observation d'un membre que, malgré l'ordre donné par le général des habitants de ne point admettre à l'aumône publique ceux qui seraient convaincus de mendier dans les rues, il s'en trouve encore quelques-uns, à la vérité en petit nombre, et qu'il serait bon de prendre un parti définitif sur un pareil abus qui mérite absolument être réprimé, » on décide que tout pauvre convaincu d'avoir mendié ou envoyé mendier des enfants, soit dans les églises, soit dans les rues, sera rayé du catalogue des pauvres et ne recevra plus de secours de la charité, l'intention du bureau étant d'extirper la mendicité, la considérant comme propre à entretenir l'oisiveté, mère de tous les vices, et ne pouvant être ni soufferte, ni tolérée par aucun corps administratif jaloux d'opérer quelque bien.

Le bureau de charité de la Trinité n'avait pas eu de chance en prêtant 1.200 livres aux Pères Dominicains. Ceux-ci, dépouillés par la loi du 2 novembre 1789 qui mettait tous les biens du clergé entre les mains de la nation, se trouvaient dès lors hors d'état de payer leur dette. Le 20 mai M. de la Frogerie, trésorier dudit bureau de charité, expose qu'il s'est adressé au sieur Gautier, le gérant sans doute des biens des Dominicains de Laval, pour réclamer la somme de 400 livres échue le 1er mai. Celui-ci a refusé de payer, disant avoir employé la dite somme à fournir du pain aux dits religieux, puisque leurs biens n'étaient plus à leur disposition, mais à celle de la nation. Il craindrait de courir des risques en avançant ces 400 livres pour eux, en à compte des fermages qu'il devra toucher, ajoutant qu'il reconnaît s'être engagé à payer cette somme ; mais, si on l'exigeait de lui, il ne pourrait plus fournir de pain aux religieux qui, ne jouissant plus d'aucun crédit, ne pourraient s'en procurer ailleurs et, se trouvant sans ressources, tomberaient dans la même situation que les pauvres assistés par le bureau de charité.

A la suite de cette communication, le bureau désigne deux de ses membres pour se rendre à la municipalité, afin de lui exposer la situation, le prêt consenti aux Dominicains ayant été effectué avec l'autorisation de l'ancienne municipalité, et lui demander quelle conduite il doit tenir, étant obligé de faire rentrer les fonds de la charité, tout en comprenant la situation déplorable des religieux qui manqueront de pain si le sieur Gautier, comptable des sommes qu'il a reçues de leurs fermiers, ne peut en employer, même une partie, pour le besoin des anciens propriétaires. Ces commissaires proposeront à la municipalité d'accepter la dite créance en déduction de la somme de 2.050 livres que lui doit le dit bureau pour avances ou autoriseront celui-ci à poursuivre les fermiers des débiteurs.

On décide ensuite que les commissaires de quartier, à tour de rôle, fourniront une quêteuse les quatre jours de grandes fêtes aux offices de la paroisse.

Le 26 mai, MM. Hubert, Lebourdais-Durocher, Tellot et Bouttevillain de Granpré, chirurgiens, convoqués au Comité de charité pour donner leur avis sur la gratification que le bureau désire accorder aux matrones ou sages-femmes qui sont tenues d'accoucher les femmes pauvres inscrites sur le catalogue de la charité, approuvent cette proposition. Ils s'engagent à donner le tableau des matrones qui devront être reconnues par le bureau et auront seules le droit de toucher ces gratifications.

Le 29 juin, le bureau désigne les mêmes commissaires que l'année précédente pour examiner les comptes du trésorier.

MM. le curé de la Trinité, Frin de Cormeré, Touschard de Sainte-Plennes, Berset d'Hauterive, Le Pescheux et Périer-Dubignon, sont chargés de rédiger un mémoire pour demander à la municipalité son avis sur la question d'assurer des fonds stables au bureau de charité et en outre « sur la nécessité d'établir des maisons publiques pour recevoir les bâtards, les enfants en bas âge et les vieillards de l'un et l'autre sexe, hors d'état de gagner leur vie, avec prière de le prendre en considération, » la tranquillité publique et le bon ordre dépendant absolument du succès de cette demande.

Le 15 juillet, le bureau particulier de charité donne acte d'une communication faite par le secrétaire d'un arrêté de la municipalité requérant les membres des différents établissements pieux et charitables de rester en fonctions jusqu'à ce qu'il ait plu à l'Assemblée nationale de leur fixer une nouvelle organisation.

Mlle Busson déclare que la toile qu'elle s'était chargée de faire fabriquer avait produit 100 chemises de femme, 24 chemises d'homme et 36 draps, destinés à être prêtés aux malheureux malades ou infirmes. Elle a remis ces objets à la maison de la Providence.

N'ayant pas obtenu de réponse favorable de la municipalité, le bureau de charité décide le 12 août que les pièces concernant sa créance sur les pères Dominicains seront remises au Directoire du département, avec une requête pour demander le remboursement de cette créance sur le prix des biens confisqués au profit de l'État.

Le trésorier est autorisé à prendre sur la caisse des aumônes une somme de 400 livres pour être versée à la fabrique de la Trinité en à compte des sommes avancées par celle-ci au bureau de charité.

Le 10 septembre, un membre du bureau fait connaître qu'un membre de la municipalité a demandé aux sœurs de la Providence des renseignements sur le nombre des pauvres de la paroisse, la manière dont ils sont secourus et quels étaient les revenus de la charité. L'assemblée arrête que les Sœurs ne pourront donner de renseignements, étant chargées seulement de l'exécution des ordres du bureau, sans y être jamais appelées.

Le 1er octobre, on procéda à la nomination de nouveaux commissaires pour les sections de la ville.

Mlle Busson est désignée, avec MM. Lepescheux, Duchemin-Gimbertière et Courte, pour visiter les pauvres; Mmes Martin-Ligonnière, Letourneurs et MM. Duchemin du Bois du Pin et Périer de la Girardière, pour aller quêter chez les riches.

Ces commissaires prieront Mesdames Périer-Dubignon, de Cornesse et Duchemin du Bois du Pin, de faire la quête à la Trinité les jours de la Toussaint, la Trinité et Noël.

Le 3 décembre, le bureau général autorise le trésorier à rembourser les sommes versées à la caisse d'emprunt. Ceux des dépositaires qui les réclameraient seront payés, non en assignats, mais en écus, pour ne pas nuire à des personnes qui ont donné leur argent sans intérêts et par complaisance.

Le 22, on décide que chaque commissaire se chargera d'une certaine quantité du blé donné au bureau de charité lors de la quête générale, pour le vendre au cours du jour et en verser le prix au trésorier. Suit la liste des commissaires chargés de cette vente, avec les noms des donateurs. Il y a 294 boisseaux de seigle et 733 de carabin, le froment ayant sans doute été conservé pour être distribué en farine.

Le 30 du dit mois, nouvelle séance pour répondre à une lettre du procureur de la commune sur le point de savoir si le bureau assisterait les pauvres fixés à Laval depuis le 1er novembre 1789. On décide que, vu le besoin urgent de ces malheureux, les uns privés de leur état par la Révolution, les autres obligés de quitter leurs demeures pour se réfugier dans les villes, il leur sera délivré, à titre de secours extraordinaire et pour cette année seulement, sans tirer à conséquence pour l'avenir, un secours en pain pendant six mois, sans qu'ils puissent prendre part aux secours en lait, farine et bouillon distribués à la maison de la Providence.

M. de Veaudichon est nommé procureur à Paris pour veiller à la liquidation des contrats sur la Nation appartenant au bureau de charité, pour en toucher les arrérages et en poursuivre le remboursement.

Pas de séance avant le 7 avril 1791. M. Duchemin de la Frogerie, trésorier, ayant déclaré avoir entre les mains des fonds qu'il serait prudent de placer, on décide qu'il sera acheté des toiles pour le compte des pauvres par MM. Morin père et Georget, sous la surveillance de M. Duchemin-Gimbertière.

Mais les événements se précipitaient. Le vote de la constitution civile du clergé qui obligeait les membres de ce clergé à prêter un serment considéré comme schismatique par la grande majorité des ecclésiastiques, déclarait déchus de leurs fonctions ceux qui l'auraient refusé. Ils devraient se retirer dès qu'ils auraient été remplacés. Or, le curé de la Trinité, M. Turpin du Cormier, et ses vicaires se trouvaient dans ce cas.

D'après la nouvelle organisation du clergé, l'évêque constitutionnel du département devait remplir les fonctions de curé de la cathédrale et ses vicaires épiscopaux celles de vicaires de la paroisse. Le nouvel évêque, Noël-Gabriel-Luce Villar, doctrinaire et principal du collège de la Flèche, ayant été élu le 20 mars, le clergé de la Trinité se prépara à quitter cette église et par suite ses fonctions d'administrateurs du bureau de charité.

C'est à cette circonstance sans doute qu'est due la série de démissions données à la fin d'avril 1791 par les dames de charité et les commissaires de quartiers.

Le bureau général, réuni le 2 mai pour savoir si on accepterait toutes les démissions qu'un grand nombre de dames et de commissaires de la charité avaient cru devoir donner, décide que ceux d'entre eux qui persisteraient à se retirer seraient libres de le faire, mais devraient continuer leurs fonctions jusqu'au 1er octobre suivant, époque à laquelle ils pourraient les cesser, même s'ils n'étaient pas remplacés.

Mlle Busson et M. Duchemin-Gimbertière sont nommés commissaires pour la fixation des secours; MM. Lebreton des Landes, Périer-Dubignon et Letourneurs de Mouette pour arrêter tous les comptes.

Cette délibération est signée seulement du trésorier, M. Duchemin de la Frogerie, et de l'un des secrétaires M. Touschard de Sainte-Plennes, tous les deux prêtres de la Trinité.

Mais Villar ayant été sacré à Paris le 22 mai et ayant pris possession de son siège le 30, les membres du clergé de la dite paroisse s'étaient retirés avant son arrivée et avaient en même temps cessé leurs fonctions de membres du bureau de charité. C'est ce qui explique les nombreuses démissions de dames et de commissaires de quartier dont nous venons de parler.

Le même mouvement de retraite avait dû se produire à Saint-Vénérand où l'administration du bureau de charité était aussi placée sous la direction du curé de la paroisse. M. Guérin de la Roussardière était encore en fonctions, mais il est probable que des administrateurs de ce bureau avaient également témoigné l'intention de se retirer aussitôt que le curé quitterait son église et serait remplacé par un prêtre constitutionnel.

Il devenait urgent de réorganiser ces deux bureaux de charité et l'on profita de l'occasion pour opérer la réunion qui avait échoué en 1789.

Le 10 juillet, les paroissiens de la Trinité et de Saint-Vénérand furent réunis pour nommer des commissaires avec mission de s'entendre pour opérer la fusion de ces deux bureaux. MM. Villar, évêque du département, François de Launay de Fresnay et Foucault de Laubinière, procureurs marguilliers, Frin-Cormeré, secrétaire au bureau de charité, Séguéla, second vicaire épiscopal, Ruffin et Collet-Trioufle, nommés par le général des habitants de la Trinité, et MM. Collet-Chaussée et Marie de Renaize, procureurs marguilliers, Queruau-Desprez, Richard la Mitrie, Dolségaray, Pottier-Verdrie, choisis par le général des habitants de Saint-Vénérand, se réunirent le 21 juillet, en l'hôtel de l'évêque et sous sa présidence, pour remplir leur mission. Ils déclarèrent unanimement consentir à la réunion des deux bureaux de charité et rédigèrent un projet de règlement en 74 articles qui reproduit en grande partie, tout en les modifiant sur certains points, les dispositions de l'ancien règlement du bureau de la Trinité.

Les biens des charités des deux paroisses seront réunis. Il en sera dressé un inventaire, pour qu'en cas de séparation, chacun puisse reprendre ce qu'il aura apporté.

Les fonds distincts des écoles de charité seront également réunis à la masse générale du bureau. Il en sera dressé un inventaire, pour qu'en cas de dissolution du bureau général chaque paroisse puisse reprendre ce qui lui appartient. Les écoles de charité, savoir deux de garçons et une de filles pour la paroisse de la Sainte-Trinité, une de garçons et une de filles pour celle de Saint-Vénérand, subsisteront dans leur état actuel. Les maîtres et maîtresses seront salariés par la caisse de la charité et nommés par les trois comités dont il sera parlé plus loin, auxquelles nominations assisteront le maire, un officier municipal et les procureurs marguilliers des deux paroisses.

La ville sera divisée en vingt quartiers, dont douze pour la Trinité et huit pour Saint-Vénérand.

Le bureau général sera composé de l'évêque, du maire, d'un officier municipal, et des procureurs marguilliers des deux paroisses de Laval, lesquels en seront membres-nés. Il comprendra en outre un secrétaire-trésorier, quarante administrateurs, vingt dames de charité et un syndic. M. le premier vicaire de l'évêque, les deux curés de la ville et celui qui sera nommé aux Cordeliers, paroisse nouvellement créée, seront membres du bureau et représentants-nés du quartier qu'ils auront adopté. Le mode de nomination des dames et des administrateurs et celui de leur remplacement sont à peu près les mêmes que sous l'ancien règlement. Les nominations devront être approuvées par la municipalité, ainsi que celle du procureur-syndic.

Le bureau général sera divisé en cinq sections : le bureau général, le bureau particulier, le comité de charité, le comité d'éducation et le comité de travail.

Le bureau général s'assemblera le premier dimanche de juin, pour nommer les commissaires chargés d'examiner les comptes du tresorier, faire les élections nécessaires et traiter les affaires renvoyées par le bureau particulier; le premier dimanche d'août, pour recevoir les comptes du bureau particulier; le premier dimanche de septembre, pour recevoir ceux du trésorier; le premier dimanche de novembre, pour aviser aux moyens à prendre pour le soulagement des malheureux.

Le bureau particulier, composé de M. l'évêque, du syndic et d'un administrateur par quartier, fixera les distributions à faire aux pauvres, déterminera le genre de travail à leur procurer, admettra ou rejettera de la liste ceux qu'il jugera dignes ou indignes, et s'assemblera le premier dimanche de chaque mois. Il administrera les biens de la charité, placera les fonds, etc....

Chacun des trois comités sera présidé par l'évêque, ou son premier grand vicaire, ou l'un des curés de paroisse, et sera composé de six membres, trois de chaque paroisse et deux suppléants.

Le comité de charité s'occupera des affaires urgentes et préparera celles qui devront être soumises au bureau particulier. Il se réunira le quatrième dimanche de chaque mois.

Le comité d'éducation surveillera les écoles de charité qu'il visitera au moins une fois par semaine; veillera à ce que les maîtres et maîtresses d'écoles remplissent exactement leurs devoirs; fera l'appel pour savoir si les enfants s'y rendent assidûment et, en cas de négligence de leur part, il en donnera avis au bureau particulier qui avisera aux moyens à prendre pour corriger de tels abus. Il s'instruira pareillement si les enfants des pauvres se rendent au catéchisme et des progrès qu'ils y pourront faire ; à défaut, il en fera le rapport au bureau particulier qui jugera également du parti à prendre dans la circonstance. Il se réunira le troisième dimanche de chaque mois.

Le comité de travail se réunira le deuxième dimanche de chaque mois et s'occupera des différents ouvrages susceptibles d'être donnés aux malheureux suivant la quantité qui aura été réglée, distribuera ce travail, le recevra, paiera le salaire et veillera aux réparations des biens-fonds de la charité.

Les articles suivants concernent les attributions du syndic chargé de surveiller la caisse des pauvres, faire exécuter les ordres du bureau, poursuivre les débiteurs, etc. (art. 44 à 57) ; et celles du trésorier-secrétaire (art. 58 à 71). Celui-ci sera payé, mais fournira un cautionnement de 25.000 livres en biens-fonds.

On procède ensuite à la nomination des commissaires de quartiers, parmi lesquels on retrouve un petit nombre des anciens administrateurs que leur zèle pour le bien des pauvres a déterminé à rester en fonctions. Mais on y voit figurer tous les nouveaux fonctionnaires de la ville et notamment la plupart des vicaires épiscopaux de l'évêque : Levenard, Réveil, Séguéla, Laban, Cosnard, Cruchet, La Rue, Guilbert, Villar, ainsi que le curé de Saint-Vénérand, le vicaire desservant Saint-Melaine et le curé des Cordeliers, non encore nommés. Tous les quartiers ont trois commissaires, au nombre desquels on ne rencontre plus une seule dame.

M. Frin-Cormeré est nommé syndic et M. Tellot fils, trésorier-secrétaire.

Les marguilliers de chaque paroisse remettent l'état des biens de la charité de chacune d'elles.

Les revenus de la charité de la Trinité, y compris ceux des petites écoles, s'élèvent à 4.455 livres, plus 75 à 80.000 livres de linge et mobilier, employés en partie en toile et le surplus existant dans la caisse du trésorier.

Le revenus de la charité de Saint-Vénérand, atteignent 4.800 livres et le mobilier 20 à 21.000 livres, dont partie en toiles et le surplus dans la caisse du receveur ou devant être complété par les héritiers des bienfaiteurs.

Il en sera du reste dressé un état légal en trois copies pour être remises à chaque paroisse et au bureau général.

Ce règlement ayant été approuvé le 10 août par le général des habitants de chaque paroisse, le bureau général se réunit le dimanche suivant pour procéder au remplacement des commissaires qui, comme maire (Hubert), ou comme marguilliers, ou membres de la municipalité, sont membres-nés dudit bureau (Launay de Fresnay, Collet-Chaussée et de Renaize) de ceux qui n'ont pas voulu accepter, comme M. Huet, prêtre, qui n'est venu à aucune séance, le curé de Saint-Vénérand et son vicaire, M. Le Ray, desservant de Saint-Melaine. Ces deux derniers se trouvaient dans une situation anormale, et ayant refusé le serment, ils devaient être remplacés dès qu'on aurait trouvé un curé pour Saint-Vénérand. La difficulté de rencontrer un prêtre qui voulût accepter les avait fait conserver dans leurs postes. Ne voulant pas communiquer avec l'évêque intrus, ils avaient écrit au président pour déclarer qu'ils ne pouvaient accepter les fonctions de commissaires de la charité, mais qu'ils se voueraient comme citoyens à tout ce qui concernerait le bien des malheureux. L'assemblée, après avoir applaudi à la sensibilité de MM. Guérin et Le Ray, reconnaît qu'ils ne peuvent être membres du bureau et dit qu'ils seront remplacés par leurs successeurs.

On procède ensuite à la nomination de vingt membres du bureau particulier.

« Le 21 août, les comités de charité, d'éducation et de travail se réunissent pour procéder au remplacement des maîtres d'écoles de la Trinité et de Saint-Vénérand qui, ayant refusé le serment constitutionnel en leur qualité de prêtres, avaient été autorisés à cesser leurs fonctions.

« Le syndic a dit qu'aux termes de l'article 9 du règlement, il y avait lieu de nommer les maîtres d'écoles des paroisses de la Trinité et de Saint-Vénérand ; que, pendant la vacance du bureau de charité de la Trinité, M. l'évêque, à la réquisition du procureur-général-syndic, avait déjà disposé de celle du cimetière en faveur du sieur Garot, clerc tonsuré, et de celle de Saint-Martin en faveur du sieur Cordier, aussi clerc tonsuré, mais qu'il ne tenait pas à ces nominations, qu'il s'en désistait au contraire et qu'il priait l'assemblée de procéder à une nouvelle élection.

« M. l'évêque ayant manifesté la même intention, l'assemblée a formé le scrutin et son résultat a confirmé à l'unanimité le choix et élection précités.

« On a ensuite procédé à l'élection d'un maître d'école pour Saint-Vénérand. Au troisième tour de scrutin, le sieur Joseph Le Moyne a été nommé.

« Ensuite le syndic a exposé que les circonstances et la diversité malheureuse d'opinions avaient donné à l'éducation une inactivité dont les écoles de charité avaient souffert extraordinairement et, à cet effet, a proposé de supprimer cette année les vacances.

« La motion mise aux voix a été adoptée, sauf en l'amendant de huit jours de vacances et la rentrée des écoles a été fixée au 13 septembre prochain ».

M. Hubert [1], ayant demandé la parole pour supplier l'assemblée de permettre que les anciens maîtres d'école eussent la faculté de ne pas achever leur année d'éducation [2], cette motion a été écartée comme n'étant pas de la compétence du bureau de charité, mais bien des corps administratifs.

Nous n'avons pas d'autre délibération du bureau de charité avant celle du 16 décembre 1791, dans laquelle on décide que les appointements du trésorier seront portés à 400 livres.

Sur la proposition de M. Séguéla, nommé enfin curé de Saint-Vénérand, le traitement des maîtres d'écoles est fixé à 300 livres, plus le logement. Mais comme le maître d'école de Saint-Vénérand n'a point de logement pour tenir sa classe, on décide qu'il lui sera accordé en outre une indemnité de 50 livres.

Le syndic expose que la quête générale a produit seulement une somme de 10.000 livres, insuffisante pour venir au secours des malheureux et pour les empêcher de mourir de faim. Il propose de demander aux corps administratifs l'autorisation d'emprunter une somme de 40.000 livres, portant intérêt à 5 pour cent, et qu'en attendant, les sommes placées chez divers négociants au profit des pauvres soient retirées pour être employées à faire face aux dépenses journalières de l'administration.

L'assemblée décide qu'il sera fait une adresse à la municipalité pour lui exposer la situation pressante du bureau de charité et lui demander les moyens propres à y remédier, avec prière d'aider les administrateurs de cet établissement de ses conseils et de ses lumières et, au cas où elle approuverait l'emprunt proposé, de l'appuyer auprès des administrateurs du district et du département.

1. Maire de Laval.

2. Ces maîtres, en leur qualité de prêtres ayant refusé le serment, ne pouvaient en effet rester dans leurs écoles après avoir été remplacés.

MM. Frin-Cormeré et Paillard-Houisière sont chargés de rédiger cette adresse, et MM. Collet-Chaussée et Launay de Fresnay, de dresser le tableau des quêtes de quartier.

On comprend que la nouvelle organisation du bureau de charité, placé désormais entre les mains du clergé constitutionnel, ait, sinon tari, du moins diminué dans de notables proportions le produit de la quête générale de 1791. Les membres de l'ancien clergé, leurs amis, les gens riches qui regrettaient l'ancien régime, ne devaient pas se montrer très empressés de fournir des fonds à un établissement dirigé par leurs adversaires et durent se montrer moins généreux dans leurs dons, quitte à remplacer par des charités individuelles leurs anciennes cotisations du bureau de charité. Mais la déclaration du syndic qu'il manquait au bureau 40.000 livres, en plus des 10.000 données à la quête générale, nous paraît un peu exagérée. Si telle est en effet la différence entre les recettes du nouveau bureau et celles des années précédentes dans les deux paroisses, cela prouve que les habitants de Laval savaient se montrer généreux pour secourir les indigents.

M. Lepescheux-Dauvais, nommé maire à la place de M. Hubert, est remplacé au bureau de charité par M. de Laporte-Méral.

Le bureau continue à administrer le bien des pauvres au mieux de leurs intérêts pendant l'hiver 1791-1792. Les délibérations des différents comités nous manquent. Nous trouvons seulement au registre une délibération du 2 juillet 1792 nommant commissaire pour vérifier les comptes du trésorier, MM, Jean Pichot, Pontenard, Dolsegaray et Giraudière.

MM. Villar et Frin-Cormeré sont désignés pour signer avec les commissaires choisis par le conseil général de la commune l'acte de collocation de la somme de 10.500 livres versée par le bureau de charité dans la caisse de la municipalité de Laval, la dite somme provenant du legs fait par M. Duchemin-Beaucoudray au profit des pauvres de la ville.

MM. Letourneurs-Mouette et Hayes de la Chesnaye, démissionnaires, sont remplacés par M. Villar, vicaire épiscopal, et M. Guédoux des Pommiers.

Cette délibération est la dernière qui nous soit connue. La loi du 11 vendémiaire an III (2 octobre 1794), ayant mis entre les mains de la Nation le bien des hospices et de tous les établissements charitables, le bureau de charité de la ville de Laval, dépouillé de tous ses revenus, dut cesser ses fonctions. C'est au comité de secours de la municipalité qu'incomba alors le soin de venir en aide aux indigents, avec des ressources certainement insuffisantes, fournies par la ville, fortement obérée elle-même, alors que la misère générale avait augmenté considérablement le nombre des pauvres et que l'appel dans les armées de tous les hommes valides avait laissé sans ressources un grand nombre de mères de famille. La charité officielle n'eût pu suffire à sa tâche, si elle n'eût été aidée par la charité individuelle, pour empêcher un aussi grand nombre de malheureux de mourir de faim.

Nous savons par des documents postérieurs que les deux Providences de la Trinité et de Saint-Vénérand avaient été conservées, même après l'expulsion des sœurs de charité qui avaient refusé le serment. Elles avaient été confiées à deux chirurgiens, à charge d'y loger et de donner aux pauvres indigents les soins et les médicaments dont ils avaient besoin. Ces chirurgiens, MM. Tellot et Bouttevilain-Granpré, montrèrent sans doute le plus grand dévouement, mais ils ne pouvaient suppléer les sœurs de charité dans certains soins particuliers, tels que la préparation du bouillon et l'entretien du vestiaire et du linge prêté aux malades et aux infirmes.

III

Après la Terreur, sous le Directoire, ce fut une commission, nommée sans doute par la municipalité, qui fut chargée de distribuer des secours aux malheureux. Plus tard, sous le Consulat, lorsque le gouvernement voulut réorganiser les hospices, auxquels on rendit ceux de leurs biens confisqués qui n'avaient pas été vendus, on y joignit ceux des bureaux de bienfaisance qui se trouvaient dans le même cas, en chargeant les dits hospices de secourir à domicile les indigents non hospitalisés.

Enfin le 10 ventôse an X (1er mars 1802), le Préfet de la Mayenne, M. Harmand, prit un arrêté portant création d'un bureau de bienfaisance dans l'arrondissement des deux justices de paix de Laval. Cependant l'année s'écoula, nous ignorons pour quel motif, sans que cet arrêté fût exécuté. C'est seulement le cinquième jour complémentaire de la dite année que le Préfet se décide à nommer membres de ce bureau MM. Frin-Cormeré père, Touschard de Sainte-Plennes, Letourneurs-Mouette, Levesque-Guitonnière et Matagrin-Chanteloup fils. Dès lors on marche rapidement.

Le 9 vendémiaire an XI (1er octobre 1802), le bureau est installé, dans une des salles de la mairie, par M. Laporte-Méral, un des adjoints de la municipalité. M. Duchemin-Vaubernier est nommé receveur-trésorier; M. Frin-Cormeré est chargé de la répartition des secours distribués aux indigents; M. Touschard de Sainte-Plennes, de la surveillance des écoles de charité et maisons de secours; M. Letourneurs-Mouette, de l'administration des fonds et revenus; M. Levesque-Guitonnière, du secrétariat pour la section de l'Ouest, et M. Matagrin-Chanteloup fils, pour celle de l'Est.

L'assemblée ajourne la nomination des commissaires de quartiers, mais, jalouse de témoigner aux deux curés des paroisses de Laval et à Mlle Busson le désir qu'elle avait de s'entourer de leurs lumières, nomme les citoyens Matagrin, curé de la Trinité, et Guérin-Roussardière, curé de Saint-Vénérand, commissaires-distributeurs, et Mlle Busson, dame de charité. Ils pourront choisir le quartier qu'ils préféreront et Mlle Busson est autorisée à se faire remplacer par la personne qu'elle choisira.

Le compte rendu de l'ancien bureau du 1er octobre 1790 et ses statuts confirmés et approuvés par les habitants des paroisses de la Trinité et de Saint-Vénérand dans leurs assemblées du 31 juillet 1791 et par le Conseil de la Commune le 7 août suivant, seront déposés aux archives du bureau de bienfaisance et leurs dispositions auront leur pleine et entière exécution pour tout ce qui ne sera pas contraire à l'arrêté du Préfet du 1er ventôse an X, ainsi qu'à tous arrêtés des Consuls et décisions des Ministres y rapportées.

Le 9 vendémiaire, MM. Nicolas Lilavois-Lavarenne et Crisante-Jean-Félix Laporte-Méral, adjoints au maire de Laval, procèdent à l'installation des citoyens Moreau-Lanoë et Moreau-Duboulay, juges de paix, membres de droit du bureau aux termes de l'arrêté du Préfet du 1er ventôse.

Le 16, nouvelle réunion. M. Touschard de Sainte-Plennes dépose un rapport sur l'organisation des maisons de secours et sur un local à prendre à loyer pour y tenir les séances et y faire l'école aux enfants.

M. Frin-Cormeré en lit un autre sur l'organisation du bureau de répartition des secours, la nomination des commissaires de quartiers, et les secours à donner aux paroisses rurales du canton. Il annonce que MM. les curés de la ville, M. Duchemin-Vaubernier et Mlle Busson, ont accepté de faire partie du bureau.

On décide qu'il sera formé une commission d'hommes de loi pour examiner les titres des propriétés appartenant aux pauvres et aviser aux moyens de faire rentrer celles qui ont été perdues ou vendues.

Les officiers de santé seront convoqués pour donner leur avis sur l'organisation des maisons de Providence et l'utilité qu'il y aurait de les confier à des sœurs de charité. Ils seront priés de concourir par leurs talents, leur humanité et leurs connaissances, à secourir la classe indigente et les infirmes.

D'autres décisions sont prises relativement au local à affermer par le bureau, à la formation de la liste des pauvres et à la nomination des commissaires de quartiers, dont un au moins sera choisi dans la classe des fonctionnaires ou des officiers de santé et les deux autres parmi les personnes les plus riches, et à celle des dames de charité, au nombre de deux par quartier, etc.

Les curés de la Trinité et de Saint-Vénérand feront partie du bureau général où chaque quartier sera représenté par un de ses commissaires ou une des dames de charité.

Le 21 vendémiaire, la liste des commissaires est arrêtée. On y voit figurer le préfet, M. Harmand, et ses conseillers de préfecture, Defermon, Chevallier, Morice-la-Rue, divers membres des tribunaux, Moulin, Barbeu de la Couperie, Duferay, Pottier, Lefèbvre-Champorin, Queruau-Boisgasnier, Foucher, Le Sueur, et des fonctionnaires de tous ordres, ainsi que plusieurs prêtres, MM. Changeon, Paillard de la Pommeraie, etc.

MM. les curés s'engagent, sur la demande du bureau, à placer des troncs pour les pauvres dans leurs églises et à y faire des quêtes les jours de dimanches et fêtes pour le bureau de bienfaisance.

On décide de prendre à loyer, pour neuf années, sans que le loyer puisse dépasser 200 francs, l'ancienne sacristie de Saint-Tugal, appartenant au sieur Tellot, pour y tenir les séances du bureau et y faire l'école aux enfants.

Le 23 du même mois, les citoyens Deschamps-Bellangerie, Plaichard-Choltière, Boullevraye, Lepescheux, Moreau du Boulay, Rosière, médecins, Le Bourdais-

4

Durocher, Tellot, Bouttevilain-Granpré et Hubert, chirurgiens, Gasté et Cottereau, pharmaciens, assistent à la séance du bureau de bienfaisance. Le président pose la question de savoir si les maisons de secours continueraient à être dirigées par des chirurgiens ou seraient confiées à des sœurs de charité comme avant la Révolution. Après avoir rendu justice au talent et au zèle des chirurgiens chargés de ce service, il fait observer que leur ministère était plus onéreux que celui des sœurs et que celles-ci étaient plus propres à entrer dans certains détails des besoins des malades, à préparer le bouillon, à réparer le linge du vestiaire et à tenir l'école. Les médecins et chirurgiens déclarent que, jaloux de rendre à l'humanité tous les services dont elle avait besoin, ils s'engagent à soigner gratuitement tous les malades qui leur seraient indiqués et que chacun d'eux prendrait un quartier. De leur côté, les pharmaciens s'engagent à assister comme par le passé à la réception des drogues adressées aux maisons de secours et à en surveiller la préparation.

La discussion ouverte sur le point de savoir si les maisons de secours seraient confiées à des sœurs ou à des chirurgiens fut assez vive. Les avis semblaient partagés. L'assemblée se sépara sans avoir rien décidé et s'ajourna au lendemain pour qu'on pût consulter le préfet et le maire de la ville. Ceux-ci se prononcèrent sans doute en faveur des sœurs, car le bureau décide, le 27 vendémiaire, qu'à partir du 1er floréal, les deux Providences de la Trinité et de Saint-Vénérand seront tenues par des sœurs de charité prises, soit parmi les anciennes, soit dans une congrégation vouée au service des pauvres. Les chirurgiens sortiront des dites maisons à la même date et recevront jusque-là le traitement qui leur était accordé.

On choisira deux chirurgiens qui recevront un traitement annuel pour visiter les malheureux des communes rurales des deux cantons de Laval.

Un membre propose au bureau de faire faire des soupes économiques pour être distribuées aux malheureux, mais l'assemblée décide qu'elle prendra d'abord l'avis de MM. Tellot, chirurgien, Cottereau et Gasté, pharmaciens.

Le lendemain, MM. Tellot et Bouttevilain-Granpré, administrateurs des maisons de secours, déclarent adhérer à l'arrêté pris la veille au sujet des deux Providences et acceptent la mission de visiter les malades des campagnes.

Le 7 brumaire, le bureau procède au remplacement des commissaires qui ont refusé ces fonctions et approuve le tableau des dames de charité de la paroisse de la Trinité, au nombre de deux, ou même parfois trois, pour chaque quartier.

Les Dames de charité des huit quartiers de Saint-Vénérand sont nommées seulement le 26 du même mois.

Le citoyen Millet, fabricant, est désigné pour assister aux réunions qui se tiennent chez Mlle Busson, à qui sa santé ne permet plus de se déplacer, pour aviser aux moyens de procurer du travail aux indigents et monter la lingerie des deux Providences, le linge destiné à être prêté aux malades ayant été usé en grande partie et non remplacé pendant la Révolution.

M. le maire sera prié d'autoriser le secrétaire de la mairie à percevoir les droits dûs par les artistes qui donnent des représentations dans la ville.

Les hospices ayant remis un compte des biens appartenant aux pauvres, celui-ci sera soumis au comité de contentieux, composé de MM. Letourneurs de Mouette, Chevreul, Beauregard, Sougé, Hardy de Lévaré fils et Lasnier de Vaucenay, lequel dira quelles poursuites doivent être exercées contre les débiteurs ou fermiers des pauvres.

Le 5 frimaire, M. Bucquet, médecin, est admis au bureau et chargé, sur sa demande, de soigner les pauvres malades de Saint-Berthevin et d'Ahuillé où il se rendra deux fois par semaine.

Le 16 du même mois, M. Frin-Cormeré dépose sur le bureau une lettre adressée au préfet par le ministre de l'intérieur au sujet de l'adjonction des deux curés de la ville au bureau de charité.

Paris, le 26 Brumaire an XI de la République Française.

« Vous avez soumis à ma décision, citoyen Préfet, une délibération du bureau de bienfaisance de Laval tendant à faire admettre au nombre de ses membres les citoyens Matagrin et Guérin-Roussardière, curés de cette ville.

« Si ces citoyens se sont rendus recommandables par leurs qualités particulières et si vous pensez que leur nomination au bureau de bienfaisance puisse influer avantageusement sur les produits de la charité individuelle, je ne vois aucun inconvénient à ce que vous les adjoigniez à cet établissement. Mais je vous observe qu'ils ne doivent y être appelés que comme citoyens et non à titre de curés. La tolérance du Gouvernement pour les différents cultes s'oppose à ce qu'il soit accordé aucun privilège au ministre d'une religion privativement à ceux d'une autre religion. Il faut d'ailleurs éviter avec soin tout ce qui pourrait rappeler l'idée d'une corporation.

« Vous voudrez bien, citoyen Préfet, présenter à mon approbation l'arrêté de nomination des citoyens Matagrin et Guérin-Roussardière.

« Je vous salue, « Chaptal. »

Le bureau ordonne que la lettre du ministre sera déposée dans des archives « pour servir par la suite de témoignage à la confiance et à l'estime publique dont jouissent les citoyens Matagrin et Guérin-Roussardière et dont l'Administration n'a été que l'organe. »

Le 18 frimaire, le bureau décide que des secours en farine et en lait seront distribués comme par le passé aux enfants naissants, jusqu'à l'âge de dix-huit mois. En attendant l'arrivée des sœurs, les chirurgiens qui dirigent les Providences distribueront la farine et les dames de charité sont autorisées à traiter avec les laitières pour la fourniture du lait aux enfants, jusqu'à concurrence de deux francs par mois pour chacun d'eux.

Ici s'arrêtent les notes de M. Daveaux. Celui-ci constate que, de cette date à 1816, il n'a pu trouver de détails précis sur l'administration du bureau de bienfaisance de Laval. Il a toutefois pris soin de copier une délibération de ce bureau, en date du 5 prairial an XII (25 mai 1804), qui nous fournit quelques renseignements tant sur les écoles de charité ouvertes au nombre de six, dont quatre pour les filles et deux pour les garçons, que sur l'établissement des Sœurs dans les maisons de Providences et sur les travaux de charité exécutés par ses soins.

Nous avons vu que les chirurgiens devaient quitter les Providences au 1er floréal an XI. « Les sœurs qui avaient tenu autrefois ces maisons à la satisfaction générale méritaient bien la préférence ; aussi par un accord unanime, l'administration les rappela-t-elle à l'exercice de ces fonctions qui leur étaient si chères et qu'elles avaient rempli avec tant de zèle. Affaiblies malheureusement par suite de leurs anciens travaux, trop avancées en âge pour recommencer une nouvelle carrière, elles craignirent de ne pouvoir fournir celle qu'on leur rouvrait et que leurs forces ne répondissent plus à leur dévouement ; elles prièrent l'administration d'accepter leur démission. D'après cette détermination, l'administration se décida en faveur des sœurs congréganistes de la Chapelle-au-Riboul qui appartenaient au département et y avaient rendu autrefois les plus grands services dans les mêmes fonctions qu'on leur proposait de reprendre. La négociation entamée avec leur Supérieure, les bases du traité acceptées et approuvées par l'autorité civile, elles prirent de suite possession des deux maisons qui leur étaient destinées et entrèrent en fonctions. »

Suivant les errements des anciens bureaux de charité, le bureau de bienfaisance s'est efforcé pendant l'hiver de procurer du travail aux ouvriers en distribuant du lin et des poupées (de la filasse) aux femmes fileuses, aux filassiers et aux tisserands, et en faisant exécuter divers travaux de voirie énumérés dans la délibération par les hommes d'autres métiers, principalement sur la route de Sainte-Catherine à Changé et aux Ormeaux. Il a fait notamment creuser le fossé sortant de la bonde de l'étang de Sainte-Catherine et longeant le chemin du Préau jusqu'au dessous du portail de cette maison et fait ouvrir un canal traversant le chemin du Préau la basse-cour de Sainte-Catherine, les jardins, les vergers et bas-jardins jusqu'au ruisseau du Râteau, etc...

Enfin le bureau exprime le regret que ses ressources ne lui permettent pas d'établir près l'une des maisons de la Providence un asile où seraient reçues les épouses enceintes à l'approche de leur terme. Mais c'est seulement à la fin de 1809 que ce vœu put être accompli.

Cette délibération est suivie du tableau des commissaires (trois par quartier) et des dames de charité (trois par quartier également) pour les vingt quartiers de la ville et pour les treize communes comprises dans le ressort des deux justices de paix de Laval.

Mais il est temps de mettre un terme à cette étude. Nous sommes rendus à une époque relativement récente. Il sera facile dès lors de compléter ce travail, en consultant, soit les procès-verbaux des séances, soit les comptes rendus imprimés par ordre des administrateurs du bureau de bienfaisance. Son organisation est dès à présent complète, telle à peu près qu'elle a subsisté jusqu'à nos jours, sauf les modifications apportées par des lois nouvelles ou les améliorations inspirées aux administrateurs.

Laval. — Imprimerie Ve A. Goupil.

www.ingramcontent.com/pod-product-compliance
Ingram Content Group UK Ltd.
Pitfield, Milton Keynes, MK11 3LW, UK
UKHW020349250726
13967UKWH00005B/2194

9 782013 051859